AF324594

EDICT DV ROY,

PORTANT CREATION DE

Deux cens Offices de Cheualiers du Guet, Deux
cens Lieutenans, Deux cens Exempts, & Six
cens Archers dudit Guet, y compris les Cinquā-
te Exempts, & Trois cens Archers cy-deuant
créez par Edict du mois d'Octobre 1631. Auec
suruiuance pour les pourueus ausdits offices, &
leurs successeurs : Et aux gages, droicts, priuileges, prerogatiues & exemptions portées par ledit Edict. Auec suppression des qualitez de Cheualiers, de Lieutenans, & d'Exempts du Guet, attribuez aux Preuosts des Mareschaux, leurs Lieutenans, & leurs Exempts, par Edict du mois de
May 1631. En les remboursant actuellement & à
vn seul payement de la finance qu'ils ont payée
pour lesdites qualitez : Auec entiere suppression
de tous les offices d'Huissiers & de Sergens royaux vaccans par mort seulement aux Parties Ca-
su elles.

*Verifié en la Chambre des Comptes de Paris
le ... Iuin mil six cens trente-trois.*

A PARIS,

Par P. METTAYER, A. ESTIENE,
& C. PREVOST, Imprimeurs
ordinaires du Roy.

M. DCXXXIII.

Auec Priuilege de sa Majesté.

LOVIS PAR LA GRACE DE DIEV ROY DE FRANCE ET DE NAVARRE, A tous presens & à venir, Salut. Le desir que nous auons tousiours eu de maintenir & conseruer nos subjets dans le repos & la tranquilité publique, & remedier à plusieurs reuoltes & mutineries qui sont suruenues en quátité de villes de ce Royaume, lors que nous estions occuppez à ruiner les entreprises de nos ennemis, & les factions & intelligences des Estrangers : Auec grand nombre de mauuais François tres-mal affectionnez à nostre seruice, Nous auroit obligez par nos Edicts des mois de May & d'Octobre mil six cens trente-vn, d'attribuer aux Preuosts generaux, Prouinciaux, Particuliers, Vis-baillifs, Visseneschaux, Lieutenás Criminels de Robbe-courte, Et à leurs Lieutenás & Exempts, la qualité de Cheualiers, de Lieutenans & Exempts du Guet, pour faire la garde és Villes & Fauxbourgs de leurs Mareschaussées, comme le Cheualier du Guet de nostre Ville de Paris. S v R-Q v o y Nous auroit esté remonstré par plusieurs desdits Preuosts, leurs Lieutenans, & Exempts, qu'il leur est du tout impossible de vacquer à la Cápagne, & faire le Guet & la Garde esdites Villes, attendu le peu de profits & d'esmolumens qu'il y a aux charges des Mareschaussées ; Et n'ayant esté attribué aucuns gages ausdits Offices de Cheualiers,

de Lieutenans & d'Exempts dudit Guet, Requerá
qu'il nous pleuft pour cet effect les en defcharger.
Ioinct auffi les oppofitions de plufieurs autres Officiers tendantes à vn Reglement du pouuoir defdit
Cheualiers du Guet, leurs Lieutenans & Exempt
fur le faict de chafque Iurifdiction, & de la police
fans preiudice des Iuges d'icelle, A quoy defiran
pouruoir, tant au contentement defdits Preuofts
que des Officiers, Manans & Habitans defdite
Villes de noftre Royaume. A CES CAVSES
apres auoir mis cet affaire en deliberation en noftre
Confeil, où eftoient aucuns Princes & Officiers dé
noftre Couronne, & autres grands & notables per-
fonnages. DE leur aduis, Et de noftre certaine
fcience, pleine puiffance & authorité Royalle
Nous auons par ceftuy noftre Edict perpetuel & irreuocable, reuocqué, efteint & fupprimé; reuoquons, efteignons & fupprimons, Les qualitez de
Cheualiers, de Lieutenans & d'Exempts du Guet,
que nous auons attribuez par nos Edicts des mois
de May, & d'Octobre mil fix cens trente-vn, Aux
Preuofts generaux Prouinceaux, Particuliers, Vifbaillifs, Villenefchaux, Lieutenans Criminels de
Robbe-courte, leurs Lieutenans & Exempts; Et
donné ce faifant main-leuée de tous leurs gages,
monftres & droicts faifis, que nous voulons leur
eftre payez dorefnauant par leurs Receueurs &
payeurs en la forme & maniere accouftumée, Non--
obftant tous Arrefts de faifies que nous auons caffez
& annullez pour le regard defdits Preuofts, leurs
Lieutenans & Exempts feulement. Et en cas qu'ils
ayent payé la finance à laquelle ils ont efté taxez
pour lefdites qualitez de Cheualiers, de Lieutenans

& d'Exempts du Guet ; N o v s voulons qu'ils en
soient rembourfez actuellement & à vn feul payement, aux Greffes de leurs Marefchauffées ; en rap-
portant par eux leurs quittances de finance pour ladite qualité de Cheualiers, Lieutenans & Exempts
du Guet, auec les Lettres de prouifion defdites qualitez, qui demeureront ce faifant nulles : & feront
lefdites quittances defchargées du Controolle general de nos Finances, & rapportées aux Treforiers
de nos Parties Cafuelles ; Auec deffenfes aufdits
Preuofts, Vifbaillifs, Viffenefchaux, Lieutena ns
Criminels de Robbe courte, leurs Lieutenans, &
leurs Exempts, de s'entremettre plus ceformais au
faict defdites qualitez de Cheualiers, de Lieutenans
& d'Exempts du Guet, fonction, Iurifdiction, exercice, Priuileges y attribuez par lefdits Edicts des
mois de May, & Octobre mil fix cens trente vn, du
iour qu'ils en auront efté actuellement rembourfez ;
Que nous auons reuoqué & reuoquons pour le regard defdites qualitez aufdits Preuofts des Maref-
chaux, leurs Lieutenans & leurs Exempts. Et pour
fairedroict à leurs Archers aufquels nous aurions
par nos mefmes Edicts des mois de May & d'Octobre mil fix cens trente-vn , attribué pareillement
la qualité d'Archers du Guet, auec la furuiuance de
leurs Offices, & le pouuoir d'exploicter, Nous les
auons en confideration de la finance qu'ils nous ont
payéepour cet effect , confirmé & confirmons en la
furuiuance de leurs Offices d'Archers defdites Marefchauffées ; & au pouuoir d'exploicter par tout le
Royaumecomme les Huiffiers à cheual du Chafte-
let de Paris, dont nous voulons que toutes Lettres
de prouifion leur en foient expediées feparément

d'auec celles de leurs Offices d'Archers, & puiſſe᷈
vendre leurſdits Offices d'Archers ou d'Huiſſier᷈
cheual conioinctement ou ſeparément , à tell᷈
perſonnes qu'ils verront bon eſtre , ſuiuant & co᷈
formément auſdits Edicts. Et en conſequence de᷈
reuocation que nous faiſons deſdites qualitez ᷈
Cheualiers, de Lieutenans & d'Exempts dud᷈
Guet, à leurs Preuoſts, leurs Lieutenans , & leur᷈
Exempts ; N o v s auons pareillement deſcharg᷈
& deſchargeons leſdits Archers deſdites Mareᷓ
chauſſées deſdites qualitez d'Archers du Guet, fo᷈
ction & exercice d'icelles, les diſpenſant de faire l᷈
Guet & la Garde d᷈ formais dans les villes & faux᷈
bourgs de leur Mareſchauſſées, & ne les obligean᷈
à l'aduedir qu'au ſeruice qu'ils doiuent à leurs Pre᷈
uoſts pour le faict deſdites Mareſchauſſées ſeule-᷈
ment. Et à fin de pouruoir à la paix & au repos des᷈
Habitans de noſdites Villes , & à l'ordre que nous᷈
voulons eſtre gardé & obſeruè à la police d'icelles;
NOVS AVONS par ce preſent Edict perpe-
tuel & irreuocable, creé & erigé, creons & erigeós ᷈
en tiltre d'Office, Deux cens Cheualiers du Guet, ᷈
Deux cens leurs Lieutenans dudit Guet, Cent cin᷈
quante Exempts, & Trois cens Archers, outre les ᷈
Cinquante Exempts & Trois cens Archers deſdits ᷈
Cheualiers du Guet desja creéz par noſtre Edict
du mois d'Octobre mil ſix cens trente-vn , qui de-
meure en ſa force & vertu pour la creation deſdits
Offices , que nous voulons eſtre eſtablis és Villes
de noſtre Royaume du reſſort de nos Chambres des
Comptes , & Cours des Aydes de Paris, Roüen,
Clermont Ferrand, Bretagne, Dijon, Montpellier,
& Guienne, ſuiuant l'Eſtat qui leur en ſera enuoyé,

fors & excepté en celle de Paris, Lyon & Orleans feulement. Lefquels Cent cinquante Exempts, & Trois cens Archers prefentement creéz feront efta-blis és Villes où nous n'en auions point mis de la derniere creation defdits Cinquante Exempts, & Trois cens Archers. A tous lefquels Offices de Deux cens Cheualiers, Deux cens Lieutenans, Cét cinquante Exempts, & Trois cens Archers dudit Guet, N o v s auons attribué & attribuons Huict vingts mil liures de gages, le fort portant le foible, fuiuant l'eftat de diftribution qui en fera arrefté en noftredit Confeil, & enuoyé pareillement aux fuf-dites Cours fouueraines, que nous voulons eftre employez deformais és Eftats des Receptes genera-les de nos Finances, comme charge ordinaire : A-uec les Quarante mil liures de gages que nous auós attribué aux Cinquante nouueaux Exempts, & Trois cens Archers de derniere creation ; Pour en eftre lefdits Cheualiers du Guet, leurs Lieutenans, Exempts, & Archers payez par les Receueurs des Tailles des Eflections où reffortiffent les Villes où ils feront eftablis, & par les Receueurs des Foüa-ges de Bretagne comme les autres Officiers, de quartier en quartier fur leurs fimples quittances : A quoy faire lefdits Receueurs des Tailles, & des Fouages feront contrainéts comme pour nos pro-pres deniers & affaires : Aufquels Offices de Che-ualiers, & de Lieutenans du Guet, Nous auons at-tribué & attribuons la qualité d'Efcuyers : Auec pouuoir à eux & à leurs Exempts de porter le baftő, & de commander aufdits Archers du Guet, chacun en la Ville de fa refidence, & au nombre qui leur en fera donné ; Lefquels Archers porteront les Cafa-

ques chargées de nos Armoiries, & de celles de la
Ville où ils feront eftablis. VOVLANS que ceux
qui feront pourueuz defdits Offices de Cheualiers
de Lieutenans, d'Exempts & d'Archers dudit Guet
portét toutes fortes d'armes à feu, & autres. Iouyffent, fçauoir les Cheualiers du Guet de Trente liures d'exemption de toutes Tailles; Leurs Lieutenans de Vingt liures; Les Exempts de Dix liures, &
les Archers de Cent fols chacun : & ne puiffent e-
ftre augmentez aufdites Tailles pour quelque cau-
fe & occafion que ce foit, ains demeureront au prix
de leurs taxes & cottes aufquelles ils fe trouueront
taxez lors de l'acquifition defdits Cheualiers du
Guet, de Lieutenans, d'Exempts & d'Archers, fi
ce n'eft que lefdites Tailles viennent à diminuer: au-
quel cas nous voulons qu'ils foient auffi diminuez
au prorata : & que lefdits Cheualiers, leurs Lieutenans, Exempts, & Archers dudit Guet foient du
corps des Maifons & Hoftels des Villes où ils ferôt
eftablis, iouyffent des mefmes honneurs, prerogatiues & priuileges que nous auons attribuez aux
Officiers defdites Maifôs & Hoftels de Villes, foiét
exempts de tutelle, curatelle, garde de meubles &
biens faifis, de la Collecte de nos deniers, & de lo-
gemens de gens de guerre. Affiftent lefdits Cheualiers du Guet, & leurs Lieutenans aux creations &
Eflections des Maires & Efcheuins, Confuls, Ca-
pitoux, Iurats, Majeux, Confeillers, & autres Officiers defdites Maifons de Villes de leur refidence, y
ayent rang & fceance apres lefdits Maires & Efcheuins, & en toutes Affemblées publicques & parti-
culieres apres les premiers Iuges Royaux des Villes de leur refidence, pour s'oppofer aux defordres

qui

qui pourroient interuenir à l'eslection desdits Offi-
niers, & aux seditions populaires. Leur enjoignant
à cette fin d'y tenir la main , & d'y apporter l'ordre
necessaire & requis en telles occurrances; la creatiõ
desdits Offces du Guet n'estant que pour la necessité desdites Villes , des Officiers , & de la police
d'icelles. Pour l'entretenement de laquelle, nous
voulons que lesdits Cheualiers du Guet fassent en
personne, ou fassent faire par leurs Lieutenans, leurs
Exempts, & leurs Archers, sur lesquels nous leur
auons donné & donnons tout commandement &
pouuoir de Capitaines, le Guet, la Garde & la Pa-
troüille de iour & de nuict en cas de necessité, &
quand bon leur semblera , en la Ville & aux fauxbourgs de leur establissement; principalement aux
iours de Foires & de Marchez , de Ceremonies, ou
de Festes & d'assemblées publiques , pour s'oppo-
ser aux broüilleries , querelles & seditions qui y
pourroient suruenir, & contenir chacun en son de-
uoir ; prendre garde aux caballes & intelligéces des
factieux, vagabons & gens sans adueu , qui se glis-
sent dans lesdites Villes souz de faux pretextes, pour
y faire des pratiques & conspirations contre nostre
seruice. Assisteront pareillement lesdits Officiers du
Guet, les Maire, Escheuins , & Iuges de police à l'é-
tretenement d'icelle, leur presteront main forte : &
aux Iuges Preuosts, Lieutenans Criminels & autres
Iuges , & à nos Procureurs pour le faict de leurs
charges & pour l'authorité & l'execution de la Iustice. Et à ceste fin nous auons attribué & attribuons
ausdits Cheualiers , Lieutenans, Exempts, & Archers dudit Guet par ces presentes , toute iurisdi-
ction, competance & cognoissance par preuention,

de toutes feditions, mutineries, reuoltes , port d'armes & cas de nuiᢏt, faux faunage , fauſſe monnoye,
tranſport des monnoyes , & de marchandiſes pro-
hibées hors & dedans le Royaume, & de chaſſes par
eau & par terre deffenduës. Auec pouuoir auſdits.
Cheualiers du Guet, & à leurs Lieutenás & Exépts.
d'informer, decreter, & cóſtituer priſonniers pour
les cas ſuſdits, qui ſeront iugez ſur les informations
deſdits Officiers du Guet par les Iuges qui en ſeront
competans , & auſquels la cognoiſſance en appar-
tient ; A la iuriſdiᢏtion deſquels nous n'entendons
nuire ny preiudicier aucunement : & ſe ſeruiront
leſdits Cheualiers du Guet , leurs Lieutenans &
Exempts (ſi bon leur ſemble) de leurs Archers pour
dreſſer leurs procez verbaux & informations qu'ils
remettront puis apres aux Greffes des Iuges qui ſeront competans d'icelles informations pour n'apporter aucun dommage, pareillement aux Greffiers
deſdits Iuges : & auront leſdits Officiers du Guet
pour leurs peines & ſallaires deſdites informations,
decrets, captures & aſſiſtance qu'ils rendront aux
Iuges de leur reſidence en cas de neceſſité , & lors
qu'ils en ſeront par eux requis, ce qui leur ſera taxé
par leſdits Iuges competans des cas ſuſdits. ET d'autant que nous auós attribué par ledit Ediᢏt du mois
d'Oᢏtobre 1631. la faculté d'exploiᢏter aux trois cés
Archers dudit Guet creéz par iceluy ; Nous auons
encor attribué & attribuons aux Trois cés Archers
creéz par cés preſentes, le meſme pouuoir d'exploi-
ᢏter par tout noſtre Royaume, Pays, Terres & Sei-
gneuries de noſtre obeyſſance , & de mettre à execution tous Arreſts en forme, Sentences, Iugemés,
Contraᢏts, Obligations, & generalement tous au-

tres actes de Iustice ciuille & criminelle de quelques Iuges qu'ils soient émanez, soit pour nos affaires & finances, & pour quelque autre cause & occasion que ce soit, tout ainsi que les Huissiers sergens à cheual du Chastelet de Paris ; A l'exclusion toutesfois du scellé dudit Chastelet seulement, que nous leur auons reserué comme à eux seuls appartenans : & sans qu'en consequéce dudit pouuoir d'exploicter lesdits Archers du Guet soient dispensez de la fonction de leurs charges, n'y d'obeyr à leurs Cheualiers, leurs Lieutenans, ou Exempts lors qu'ils les commanderont de ce faire, leur donnant pouuoir pour le regard desdites charges d'Archers dudit Guet. Et auons dispensé & dispensons lesdits Cinquante Exempts, & Trois cens Archers creéz par ledit Edict du mois d'Octobre 1631. d'obeyr deformais aux Preuosts des Mareschaux, leurs Lieutenans, & Exempts en ceste qualité, & de faire Monstre pardeuant eux & leurs Commissaires, attendu la suppression de celles de Cheualiers, de Lieutenans & Exempts dudit Guet. VOVLANS que lesdits Cinquante Exempts, & Trois cens Archers ne recognoissent plus, & ne despédent que de leurs Cheualiers & Lieutenans dudit Guet creez és Villes de leur establissement, ausquels seuls ils obeyrõt, & pardeuant lesquels ils presteront le serment, si ce n'est que lesdits Preuosts, Lieutenans, ou Exempts desdites Mareschaussées acheptent lesdits Offices de Cheualiers, de Lieutenans, ou Exempts dudit Guet ; Ce que nous leur auons permis & permettons den iouyr, & les exercer separémét auec leurs Offices desdites Mareschaussées. Voulans que tous ceux qui seront pourueuz desdits Offices de Che-

ualiers, de Lieutenans, d'Exempts, & d'Archers dudit Guet, creéz par ledit Edict, iouyſſent du bene-
fice de la ſuruiuance de leurs Offices pour vne fois
ſeulement : Et qu'en cas de mort ils ſoient conſer-
uez à leurs vefues, enfans, heritiers, ſucceſſeurs &
ayans cauſe ; Et que les ſucceſſeurs ou reſignataires
cy-apres à tous les ſuſdits Offices de Cheualiers,
Lieutenans, Exempts, & Archers dudit Guet, creéz
tant par ledit Edict du mois d'Octobre 1631. que
par ceſtuy, iouyſſent pareillement du meſme bene-
fice de ſuruiuance, en payant à nos Parties Caſuel-
les, tant pour ladite ſuruiuance que pour la reſigna-
tion deſdits Offices, vne année ſeulement des gages
d'iceux, afin de les aſſeurer (ce faiſant) à leurs fa-
milles, & les obliger à nous ſeruir fidellemét & plus
courageuſement : Deſquels Offices toutes Lettres
de prouiſion leur en ſeront expediées en noſtre grã-
de Chancellerie, en payant ſeulemét pour le ſceau
de chaque Lettre de prouiſion de Cheualier, & de
Lieutenant du Guet Seize liures , & Huict liures
pour le marc d'or, & Huict liures pour le Sceau des
Lettres d'Exempts & d'Archers , & Quatre liures
pour le marc d'or de chaque Office : & ne ſeront
tenus leſdits Cheualiers du Guet , & leurs Lieutenans que de preſter le ſerment gratuittement pardeuant les Gouuerneurs des Villes où ils ſeront e-
ſtablis; & leurs Exempts & Archers pardeuant leurs
Cheualiers du Guet, & pardeuant les premiers Iuges des Villes de leur eſtabliſſement, pour le regard
du pouuoir d'exploicter auſdits Archers, ſans rien
prendre ny exiger d'eux pour la reception & le ſerment auſdits Offices que ce qu'ils leur voudront
donner liberalement. Et afin de ne pas ſurcharger

nosdits suiects tant de la somme de Deux cens mil
liures de gages que nous attribuons tant aux susdits
Officiers dudit Guet presentement creéz, qu'aux
Cinquante Exempts & Trois cens Archers cy-deuant creéz par autre Edict du mois d'Octobre 1631.
que de la qualité d'Huissiers, & du pouuoir d'exploicter que nous donnons ausdits six cens Archers
du Guet ; Novs voulons que lesdits gages soient
pris sur les Deux cens mil liures des augmentations
de gages qui nous restent des Quatre cens quatre
vingt mil liures, que nous auons cy-deuant attribué aux Greffiers, Receueurs des Consignations, &
Officiers Domaniaux par nostre Edict du mois de
Decembre 1629. Tous lesquels gages iusques à ladite somme de Deux cens mil liures ferõt employez
desormais l'année prochaine & les suiuantes és
Estats des Receptes generalles de nos Finãces, souz
les noms desdits Cheualiers du Guet, leurs Lieutenans, Exempts & Archers des Generalitez où ils
seront establis, & laissez aux Receueurs des Tailles
des Foüages, & autres, pour les payer ausdits Officiers, ou aux porteurs des quittances de finãce desdits Offices : & ce faisant porter moins aux Receptes generalles de nos Finances, & les Receueurs generaux d'autant quittes & deschargez vers les Tresoriers de nostre Espargne. Vovlons encor
que generalement tous les Offices d'Huissiers & de
Sergens Royaux vacquans par mort en nos Parties
Casuelles, soient desormais esteints & supprimez.
Et pour cet effect nous les auons dés-à presens
esteins & supprimez, esteignons & supprimons:
Auec deffenses aux Tresoriers des Parties Casuelles de plus faire taxer ores & à l'aduenir aucũ Rool-

le en noſtre Conſeil, ny d'en expedier aucunes quiᵗ
tances de finance , à peine d'en reſpondre en leuᵣ
propres & priuez noms.

SI DONNONS EN MANDEMENT à noᵐ
amez & feaux Conſeillers les gens tenans nos Chᵃ
bres des Comptes , & Cours des Aydes de Pariᵗ
Rouen, Dijon, Bretagne, Clermont-Ferrant, Monᵗ
pellier & Agen : & aux Treſoriers de France deᵗ
Generalitez qui en dependent, que ces preſenteᵗ
ils facent enregiſtrer , & iouyr leſdits Officiers , &ᵗ
les porteurs des quittances de finance deſdits Offiᵗ
ces de Cheualiers, de Lieutenans, d'Exempts, &ᵗ
d'Archers dudit Guet, plainement & paiſiblemenᵗ
des gages qui leur ſont attribuez, iuſques à concurᵗ
rence de Deux cens mil liures de gages pour leſditᵗ
Deux cens Cheualiers du Guet, Deux cens Lieuteᵗ
nans, Deux cens Exempts, & Six cens Archers, ᵧ
compris les quarante mil liures de gages attribuezᵗ
aux Cinquante nouueaux Exempts, & Trois censᵗ
Archers dudit Guet, cy-deuant créez par noſtreᵗ
Edict du mois d'Octobre mil ſi cens trente-vn , ſui-ⁱ
uant & conformément à l'Eſtat qui en a eſté arreſtéᵗ
en noſtredit Conſeil, dont coppie eſt cy-attachéeᵗ
ſoubs le contre-ſcel : Enſemble des priuileges &ᵗ
exemptiõs, Sçauoir de trente liures de toutes Tail-ᵗ
les pour chacun des Cheualiers du Guet, Vingt li-ᵗ
ures à leurs Lieutenans, Dix liures aux Exempts, Etᵗ
Cent ſols ſeulement pour chacun de leurs Archers, ᵗ
comme en iouyſſent les Archers des Mareſchauſ-
fees, que nous voulons auſſi eſtre reglez à Cent ſols ᵗ
de toutes Tailles par noſdites Cours des Aydes, & ᵗ
par nos Eleus des Elections qui en dependent, auſquels nous enioignons d'y prendre garde : eſtant ᵗ

bien informez que lesdits Archers des Mareschauf-
fées, soubs pretexte de ladite exemption de Tailles,
s'en font entierement descharger à la faueur de leur
port d'armes ; Ce qui tourne à la foulle & oppres-
sion de nostre peuple. MANDONS en outre aux
Gouuerneurs des Villes où lesdits Officiers du
Guet seront establis, de receuoir lesdits Cheualiers
du Guet, & leurs Lieutenans, les installer & ad-
mettre en la fonction & exercice de leurs Offices
gratuitement, & sans autre forme ny procedure que
de prestation de serment, conformement aux Lettres de prouision qui leur en seront addressées à ceste fin. Enioignant ausdits Cheualiers du Guet,
leurs Lieutenans, Exempts, & Archers, d'assister
les Gouuerneurs desdites Villes, & les accompagner
aux iours de Ceremonie dans les Villes de leur resi-
dence pour l'honneur & la dignité de leurs charges. Et ausdits Gouuerneurs, Maire, Escheuins, Ca-
pitoux, Consuls, Iurats, Majeux, & tous autres, de
prester main forte & escorte ausdits Officiers du
Guet pour le fait de leurs charges, en cas de necessité & toutesfois & quantes qu'ils en seront par eux
requis ; Et aux premiers Iuges desdites Villes de
receuoir le serment desdits Archers du Guet pour
la qualité d'Huissiers à cheual, & pouuoir d'exploicter par tout le Royaume, Nonobstant oppositions
ou appellations quelconques ; Apeine ausdits Iuges de prise à partie en leurs propres & priuez nós,
& de toutes pertes, despens, dommages & interests.
Et d'autant que du present Edict on pourra auoir
affaire en plusieurs & diuers lieux, nous voulons
qu'à la coppie collationnée par l'vn de nos amez &
feaux Conseillers & Secretaires, foy soit adioustée

comme aux originaux : C A R tel est nostre plaisir.
Et à fin que ce soit chose ferme & stable à tousiours,
nous auons fait mettre nostre seel à ces presentes,
sauf en autre chose nostre droict & l'autruy en toutes. D O N N E à Fontainebleau au mois de May,
l'an de grace mil six cens trente-trois. Et de nostre
regne le vingt troisiéme. Signé, L O V I S. Et plus
bas, Par le Roy, D E L-O M E NIE. Et scellé du grand
seau de cire verte en lacs de soye rouge & verte. Et
plus bas est écrit.

Leu, publié, regiſtré en la Chambre des Comptes, ouy
& ce conſentant le Procureur General du Roy, par com-
mandement de ſa Majeſté, porté par Monſieur le Comte de
Soiſſons, aßiſté des ſieurs de Chaune Mareſchal de Fran-
ce, de Leon & Tallon Conſeillers en ſes Conſeils, le vingt-
deuxiéme de Iuin mil ſix cens trente-trois.

Signé, BOVRLON.

Collationné à l'original par moy Conseiller
Secretaire du Roy, & de ses Finances,

9 782329 284828